AF435703

Bertina Guerra Barraza

Sensaciones de una Mujer
Sensazioni di una Donna

EDIZIONI WE

ISBN 979-12-5497-080-5

©2023 Edizioni WE di Nicola Bergamaschi
Via Paulli 10/A – 26015 – Soresina (CR)

www.clickpertutti.com
www.edizioniwe.com
www.facebook.com/edizioniwe
www.instagram.com/edizioniwe
info@edizioniwe.com

Prefacio
*por Johana Laura Mendez**

Bertina viaja a través de las sensaciones, emociones y sentimientos de una poetiza que quiere narrar sin darse limites, que se desnuda delante a un lago, a un mar y a una cordillera, acogiendo el sonido de las palabras, dándonos sus recuerdos más íntimos y sus ideales, sin limitarse a su individualidad más gritando un nosotros y un nosotras, nos cuenta alegrías y sufrimientos sin temor de ser juzgada. En *Sensaciones de una mujer* nuestra escritora da un primer paso en su camino de libertad desde Los Andes a Los Alpes y acá la acogemos con la madre Tierra entre nuestras manos de versos, raíces y narraciones

*** Johana Laura Mendez:** escritora chilena e Italiana pluri publicada y que ha tenido como mentor a Luis Sepúlveda, artista plástica es presidente del colectivo Interculturale Tierra en Italia.

Prefazione
*di Johana Laura Mendez**

Bertina viaggia attraverso le sensazioni, le emozioni e i sentimenti, vuole narrarli senza darsi dei limiti, si denuda davanti a un lago, a un mare e alla Cordillera De Los Andes accogliendo il suono delle parole, donandoci i suoi ricordi più intimi e i suoi ideali, andando oltre il limite dell'individualismo e gridando un noi, ci racconta con i versi le gioie e le sofferenze senza il timore di essere giudicata. In *Sensazioni di una Donna* la nostra scrittrice fa il primo passo verso un cammino di libertà d'espressione dalle Ande alle Alpi e la accogliamo assieme alla madre terra tra le nostre mani fatte di versi, radici e narrazioni.

*** Johana Laura Mendez:** scrittrice cileno-italiana pluri pubblicata e che ha avuto come mentore lo scrittore Luis Sepúlveda, è, inoltre, artista plastica e presidente del Collettivo Interculturale Tierra in Italia

Sensaciones de una Mujer
Sensazioni di una Donna

Dedicado a mi padre Raúl,
a mi madre Elba
y a mis hijos Carolina, Alonso y Vicente

Un especial pensamiento
a mi compañero de vida Freddy

Dedicato a mio padre Raúl,
a mia madre Elba
e ai miei figli Carolina, Alonso y Vicente

Un pensiero speciale
al mio compagno di vita Freddy

Poesias en Castellano - Español
Poesie in Castigliano - Spagnolo

Mamá

Por tus caricias,
tus concejos,
tus regaños y lágrimas,
tus abrazos y tus desvelos,
por tu alegría más allá de los problemas.
Por esas exquisitas sonrisas frente a mis travesuras,
por tus cuidados y tu cansancio silencioso
tristezas,
duro trabajo
por cobijarme y cuidarme los meses que fui parte de ti,
no hay nada
pero nada
que no admire de ti
mamá.

Para entender

Hoy
quiero extender mis brazos
así como alzan las Gaviotas sus alas
y dejarme llevar por la brisa del mar
más arriba.
Quiero mirar desde lo alto
y observar mi mundo desde allí.
Hoy
quiero entender con el corazón
y no sólo con la razón
comprender que nadie llega a mi vida por casualidad,
que todo tiene su razón de ser
Que nada
Pero nada
de lo que pasa en la vida pudo haber sido de otra manera
que los momentos en que comienzan
y terminan las situaciones
han sido,
son y serán
para mí
el momento perfecto.
Te vi desde lejos,
te miré,
me miraste,
fueron segundos y luego seguimos nuestros caminos,
tu bajabas y yo subía las escaleras.

Mi ángel

Te apareces
entre el silencio y el ruido
te escucho
estando a solas tu sonido me toca,
te siento en mis pensamientos
estás cercano y lejano
a veces en mis memorias te abrazo
otras te alcanzo en sueños
inútil no querer
ante mi existes
en una antigua fotografía
un juguete
un llanto
una risa
en fin en un te amo.
Caminando a mi lado yo te clamo
sentir el perfume de tu pequeña mano
aquella que con fuerza se aferra a la mía
Sé que en cada una de mis noches me visitas a escondidas
te acuestas a mi lado
suavemente y no alcanzo a darme cuenta
sí solo pudiera
te juro que no te dejaría
y despierto extrañándote de nuevo.
Mil, cien mil, millones
te amo
han expresado mis labios
y otras tantas te he llorado desde los más profundo
Tengo mil motivos para seguir caminando y tan sólo por ti
por mirarte y abrazarte he pensado en detener mi paso
pero tengo mil motivos para dar otro más.

Un ángel

No dejes que mi ausencia
borre tu sonrisa,
no dejes de pensarme
porque a través de tus recuerdos
existiré y volveré a vivir en ti.
Ten presente
que no hay nada que suceda
sin tener un motivo
y lo que no sucede también lo tiene.
Enséñame,
si tu ríes yo reiré,
si lloras lloraré,
si sufres lo hare contigo,
si eres feliz yo lo seré también.
Cada noche me acuesto a tu lado y soñamos juntos,
quizás por eso no me vez,
nunca me he soltado de tu mano
¡Sólo dile que estoy bien!

Carta para ti

Para cuando me haya ido,
no recuerdes el momento de la partida,
más bien recuerda los momentos
de encuentros que tuvimos.
Si lloras,
llora lo suficiente para que las lagrimas acaricien
tu rostro cuando tengas que expresar tu alegría.
No me busques en ningún lugar más que en tu corazón
y en silencio entablemos largas tertulias por las noches.
Para cuando me haya ido,
intenta no quedarte con palabras a flor de labios
porque finalmente te harán daño.
No permitas que la tristeza te desborde al recordarme,
al contrario,
sonríe…
será mi regalo.
Para cuando me haya ido
no necesitas constatar mi amor con mi presencia,
seré la brisa que acaricie tu piel cada día único
acá al fin del mundo
en nuestro Chile
seré la música que escucharás
alejando el silencio
Recuerda
Te amo
y el amor no tiene límite ni fronteras,
ni siquiera lo turba la muerte.

Tu presencia

Acércate
así como sueles hacerlo,
cuando mis pensamientos vuelan y se unen al viento,
ese viento
que con fuerza podría romper todo lo que está a su alcance
Si,
Cuando tu presencia
esos pensamientos que te encaminan hacia mi
no te pierdas
tú
che me regalas sonrisas, flores y perlas
en la tierra de los poetas
de nuestra Gabriela Mistral y nuestro Pablo Neruda
Es en esos pensamientos
te imagino descalzo,
apoyando mi cabeza en tu hombro
y tu mano acariciando mi cabello
cuando tu presencia siento.

Cada domingo

Una vez más
los contemplo
desde lejos como se observan los pajaritos
allí sentados
ellos…
en la misma silla,
espacio donde ya se esculpieron sus siluetas
cada domingo
buscan sus manos una y otra vez,
en un "TE ACOMPAÑO".
Como
Como sus cálidas miradas logran reflejar el rostro
en las pupilas del otro
como si no existiera tiempo
Cada domingo
cuando los miro entre salmos y evangelios
me susurran al oído la magia del amor.
El amor es la única palabra que buscamos

Te Sueño

Te sueño
cada vez que desprecias mi atención
te sueño descalzo y despeinado
como aquellos años.
Te sueño aún enamorado, amante y esposo
caminando, bailando, cantando y feliz
Te sueño despierta y te sueño durmiendo
Hasta en tus sueños soñándome
no hay día
no se ha inventado noche que te aparte de ellos,
Te sueño.

Silencio*

La luz
se hizo tan escasa
que las sombras miraban aterradas
El silencio
se palpaba tan frío
se sentía tan adentro
más allá de los huesos y el aire
aturdía los pulmones en un suspiro de tinieblas.
El miedo se acercaba paso a paso junto a su amigo peligro
Su sonrisa se transfiguró entre las líneas de sus labios.
Su piel
se quebró en un segundo
eran como siglos?
Aquel momento quebró el todo
su piel, su aliento, sus juegos, sus plumas, sus sueños
quebró su paz.

* (El 77% de los delitos sexuales en Chile corresponden a niños, niñas y adolescentes)

Mi Sombra

Junto a ella
Mi sombra
amiga y compañera inseparable
avanzo tomada de su mano,
se adelanta algunos pasos
y otras veces soy yo quien la guía.
Solemos conversas en el día y callarnos por las noches,
hablamos de amores, tristezas, quebrantos
ella escucha,
es discreta, pensativa, fuerte y nunca la he visto llorar.
Si avanzo ella avanza,
sí caigo ella cae,
sin embargo, toma mi mano y me levanta.
Frente a mi sonrisa y llanto
ella permanece en silencio
mi sombra es mía
Es amiga y confidente,
testigo de mis aciertos y de mis mayores errores

Amante canalla*

Nunca olvido
ese momento en que nos presentaron.
Jamás pensé conocerte,
sin embargo,
de un minuto a otro estábamos frente a frente,
cara a cara,
si hasta pude verme en tu mirada,
todo desapareció ante mis ojos
casi incrédula te miraba y no te soltaban mis ojos.
Eres aquel amante canalla
del que tanto se hablaba.
Emocionada y triste
capturada por el miedo deje escapar una lágrima,
no la verdad eran muchas lágrimas.
Amante canalla
Eres el amor ingrato, sofocante, salvaje, desolador,
intimidante
y no serías diferente conmigo.
Te diré che
te lloré, renegué mis creencias por ti y a pesar
de no hablarte ni nombrarte
seguías aquí y cada día que pasaba
te aferrabas más y más a mi pecho.
Finalmente mutilaste mi alma y mi cuerpo,
te llevaste a la niña, a la hija, a la madre,
te llevaste a la mujer.

* (19 de octubre - Día internacional del cáncer de mama.
Cada día mueren 4 mujeres por cáncer de mama en Chile.)

Ella

Le compuso una melodía
y cada silencio lo reemplazó por un suspiro.

María Angela

Pasaste
como una estrella fugaz
en nuestro cielo.
Tu presencia quedó en las salas
y en nuestras vidas.
Tu voz querida María Angela
la sombra de tus cabellos
corre libre en los pasillos y en las salas
Tus libros te llaman,
tus niños aún esperan tu clase.

Cuántos

No hay ser
que no se deleite con tus colores fríos y cálidos
A tus orillas
Y así sin premeditación te dejas ver,
te dejas amar e inspiras
canciones, poemas e historias de amor
Calmo o en tempestad
Me ahogo en ti y de ti
Navego como lo hacen los náufragos,
sin destino, entregada a tus corrientes emotivas
arena…
robas el alma
y así te dejas ver

Las estrellas

No dejé de mirar
las estrellas,
deseaba que alguno
de esos largos días
bajará una y fueras tu.
Te soñé,
te imaginé,
te amamanté con la leche derramada en el cosmos.
Te besé
te acurruqué en cada media luna
mucho antes que estuvieras en mi vientre.

Poesias en Italiano
Poesie riadattate all'Italiano

Mamma

Per quelle tue carezze e consigli
Alle tue lacrime e sgridate
alle tue notti senza sonno e ai tuoi abbracci intensi
Per quella gioia che ha oltrepassato le difficoltà.
Per quegli squisiti sorrisi davanti alle mie monellerie
Alle tue cure e silenziosa stanchezza
Tristezze e duro lavoro
Per quel dono delle tue attenzioni
allora
proprio in quei mesi che sono stata parte di te e in te
non esiste niente ma proprio niente
che io non possa ammirare in te
mamma

Per Comprendere

Oggi
Voglio stendere le mie braccia
come i gabbiani con le loro ali
e lasciarmi andare alla brezza del mare
porti dove porti
su
sempre più su
e guardare dall'alto
per poi
osservare il mio mondo con un altro sguardo
oggi voglio comprendere col cuore mio
e non soltanto ragionare
Comprendere che la casualità non esiste
quando qualcuno arriva nella vita mia
che ogni piccola cosa ha una ragion d'essere,
che nulla,
che niente poteva realizzarsi in un altro modo
Gli istanti d'inizio e fine sono stati, sono e saranno
per me il momento perfetto.
Ti osservai da lontano
Ti guardai e tu ricambiasti il mio sguardo
Secondi
quello sono stati
e poi le nostre strade presero il loro cammino
Tu scendevi e io salivo quelle scale.

Il mio angelo

Appari
Tra il silenzio e il rumore
Ti sento
Nel mio spazio di solitudine il suono del tuo essere mi sfiora,
sei vicino e lontano
nelle mie memorie a volte ti abbraccio
altre ti raggiungono i miei sogni
inutile è non volerti bene
di fronte a me tu esisti
in un giocattolo, un pianto, un sorriso
e, infine, in un t'amo.
Cammini affianco a me e io ti chiamo
Sentire il profumo della tua piccola mano
quella che con forza si afferra alla mia
e lo so che in ognuna delle mie notti
mi fai visita di nascosto
coricandoti al mio fianco soavemente
da quasi non rendermi conto
se solo io potessi
ti giuro
non ti lascerei
mi sveglio
e ancora mi manchi.
Mille, centomila, milioni
t'amo hanno detto le mie labbra
altre infinite volte ti ho pianto
dal mio più profondo esistere
Ho mille motivazioni per non fermarmi e soltanto per te
per immaginare di abbracciarti e guardarti ancora
ho pensato di fermare il mio passo
ma ho altre mille motivazioni per non farlo.

Un angelo

Non lasciare che la mia assenza cancelli il tuo sorriso
Non smettere di pensarmi
perché attraverso i tuoi ricordi potrò esistere
e ritornerò a vivere in te.
Tieni a mente che niente accade senza un motivo
E che perfino ciò che non accade un motivo ce l'ha
Insegnami…
Se ridi io riderò assieme a te
Se piangi piangerò
Se soffri soffrirò con te
Se provi ad essere felice lo sarò pure io
Ogni notte mi corico al tuo fianco e sognamo insieme
Sarà per questo che mi vedi
Mai ho lasciato la tua mano
Sii certo di questo

Lettera per te

Quando me ne sarò andata
non ricordare soltanto il momento della partenza
ricorda quelli insieme ti prego
quelli dei nostri incontri.
Se piangi
fallo abbastanza in modo che le lacrime
accarezzino il volto tuo anche nell'allegria.
Non cercarmi che nel tuo cuore
e nel silenzio parlami a lungo
conversiamo nelle lunghe notti
Quando me ne sarò andata
non rimanere mai con le parole sulle labbra
perché quelle fanno soltanto del male
non lasciare che la tristezza
ti faccia soccombere nei ricordi
ma sorridi sarà un mio dono.
Per quando me ne sarò andata
ricorda che non c'è bisogno
di palpare con mano la mia presenza
sarò brezza
quella che accarezzerà ogni giorno la pelle tua
quel giorno unico alla fine del mondo
nel nostro Cile sarò la musica che ascolterai
per allontanare il silenzio.
Ricorda
T'amo
e l'amore non ha frontiere nè limiti
nemmeno la morte può disturbarlo.

La tua presenza

Avvicinati!
Come sei solito fare
quando volano i pensieri miei e col vento si uniscono,
quel vento che potrebbe perfino
rompere tutto ciò che gli è accanto.
Sì!
Quando la tua presenza
quei pensieri che ti fanno prendere la strada verso me
non perderti.
Tu!
Che mi fai dono del sorriso, fiori e perle
nella terra dei poeti
della nostra Gabriela Mistral e del nostro Pablo Neruda.
È proprio in quei pensieri che t'immagino scalza
posando la mia testa sulla spalla tua
e tu, la tua mano accarezzando i capelli miei.
Quando sento la tua presenza.

Ogni domenica

Un'altra volta
li guardo da lontano come si osservano gli uccellini.
Là, seduti
Loro…
Nella stessa sedia,
spazio dove le loro forme hanno lasciato il segno
ogni domenica
cercano le loro mani volta dopo volta,
in un "CAMMINIAMO INSIEME"
come
come i loro sguardi dolci
che si riflettono l'uno nelle pupille dell'altro
come se il tempo non esistesse.
Ogni domenica!
Quando io li guardo tra il vangelo e i loro salmi
sussurrano al mio udito la magia dell'amore.
L'amore quella parola unica che tutti cerchiamo.

Ti sogno

Ti sogno
Ogni volta che cogli e rifiuti la mia attenzione
Ti sogno scalzo e spettinato come in quelli anni.
Ancora innamorato, amante e sposo.
Camminando, ballando, cantando e felice
Ti sogno da sveglia e anche mentre prendo sonno
Perfino nei tuoi sogni sognandomi
Non c'è giorno
e nemmeno è stata inventata la notte
che ti possa allontanare.
Ti sogno.

Silenzio*

La luce scarseggia
e le ombre atterrite guardano
Il silenzio
si sentiva così freddo e profondo
oltrepassava le ossa e l'aria
riusciva a stordire perfino i polmoni
in un sospiro di tenebre.
La paura si avvicinava passo dopo passo
affiancando il suo amico Pericolo
Il suo sorriso si trasformava tra le linee delle sue labbra.
La sua pelle
si è frantumata in un secondo o erano secoli?
Quell'istante ruppe il tutto!
La sua pelle, il suo alito vitale, i suoi giochi, sogni
e la sua pace si sgretolarono.

* (il 77% degli abusi sessuali in Chile colpisce bambini, bambine
e adolescenti)

La mia ombra

Insieme ad essa
La mia ombra
Amica e compagna indivisibile
Vado avanti mano nella mano
Lei fa qualche passo in più
altre volte sono io a guidarla
siamo solite dialogare nel nostro giorno
e tacere di notte
parliamo dei nostri amori, delle nostre tristezze
e di quegli amari momenti
Lei ascolta,
sa essere discreta, riflessiva, forte
e non l'ho mai vista piangere.
Se faccio un passo lo fa anche lei
se cado cade con me
ma lei mi prende per mano e mi fa alzare
di fronte alle mie lacrime e ai miei sorrisi fa silenzio
La mia ombra è mia
amica e confidente,
testimone delle mie azzeccate scelte
e dei miei peggiori sbagli

Amante Canaglia*

Dimenticare mai posso
quel istante nel quale fummo presentati.
Non immaginai mai di fare la tua conoscenza,
nonostante questo, in meno di un minuto
ci siamo trovati faccia a faccia
sono riuscita perfino a guardarmi nel tuo sguardo,
tutto scomparve davanti a me
ero incredula del tuo sguardo
e non riuscivo a lasciarti andare
sei quell'amante canaglia del quale tanto si parlava.
Emozionata e triste ero preda della paura
e lasciai scappare una lacrima
La verità è che furono molte quelle lacrime.
Amante canaglia sei
quell'amore ingrato, soffocante, selvaggio,
solo, terrificante
e non saresti stati diverso con me.
Ti dirò che…
Ti ho pianto sai, rinnegai perfino ciò in cui avevo fede
per te
e anche se non ti parlavo ed eri innominabile per me
tu c'eri e ogni giorno ti afferravi ancor di più a me
al mio seno e infine
sei riuscito a mutilare il mio corpo
e parte della mia anima.
Ti sei portato via
la bambina, la figlia, la madre e la donna.

* (19 ottobre giorno internazionale del tumore al seno. Ogni gior-
no in Cile quattro donne muoiono per questo terribile male)

Lei

Lei ha composto una melodia
E ogni silenzio decise di farlo diventare sospiro.

Maria Angela

Come una stella cadente
hai attraversato il nostro cielo
Nelle aule la tua presenza è rimasta
come nelle nostre vite.
La tua voce cara Maria Angela si sente ancor
L'ombra dei tuoi capelli corre libera
lungo i corridoi e le aule
I tuoi libri ti chiamano
come i tuoi bambini aspettano ancora le tue lezioni

Quanti

Non esiste un essere vivente
che non cada estasiato davanti
ai tuoi colori freddi e caldi
in riva a te...
e così senza pensarci tu ti lasci guardare,
amare e prendere da te ispirazione
canzoni, poemi e storie d'amore.
Calmo o impetuoso affogo in te e di te
Navigo come fanno i naufraghi prima di perdersi
senza destino,
mi lascio andare alle tue correnti emotive
sabbia…
rubi l'anima
e così senza pensarci tu ti lasci guardare.

Le stelle

Non smisi di guardare le stelle
Desideravo che in uno
di quei lunghi giorni
ne scendesse una in me e fossi tu
Ti sognai
Ti immaginai
Ti allattai con il latte del cosmo
Ti baciai
Ti coccolai ogni notte di mezza luna
prima ancor che arrivassi nel ventre mio.

Biografía de la Autora

Bertina Yasmín Guerra Barraza, escritora y profesora, nace el 1° de noviembre de 1968 en la ciudad minera de Chuquicamata - Chile.

Ingresa a la universidad Austral de Chile en 1986 y se recibe como Profesora, ha estudiado también en Francia y Canada. Trabajó durante más de 15 años como directora en colegios.

Su gusto y la pasión por poesía le fue inculcado desde muy pequeña por su padre iniciándose a la escritura en la adolescencia, mostrando una inclinación por el tinte romántico.

Biografia dell'Autrice

Bertina Yasmín Guerra Barraza, scrittrice e professoressa, è nata il 1° di novembre del 1968 nella famosissima città mineraria del rame di Chuquicamata in Chile.

Studia per diventare insegnante nel 1986 presso l'università Austral; ha studiato anche in Francia e Canada.

Ha lavorato come dirigente scolastico di eccellenza per più di 15 anni.

La sua passione per le lettere viene spinta dal padre fin da piccola e inizia a scrivere in adolescenza, mostrando un inclinazione per il romanticismo.

Biografía de la Traductora

Johana Laura Mendez, chilena e italiana, nace en La Calera y crece en Hijuelas Chile.

Es pluri publicada en Italia, escritora infantil, poetisa, pintora.

Ha vendido miles de libros entre Italia y Chile; ha sido reconocida como artista poliédrica de parte de la Presidenta Michelle Bachelet, gracias a la cual, ha trabajado con Dirac Internacional y con la embaja de Chile en Roma.

Ha tenido como mentor a Luis Sepúlveda el cual ha hecho una maravillosa prefacio para uno de sus libros infantiles.

Johana Laura Mendez es una traductora, talent scout y agente literaria también de WE, casa editorial italiana internacional, para Chile y otros países.

Facebook: Johana Laura Mendez II
Instagram: Johana Laura Mendez
Mail: aristoli2023@gmail.com

Biografia della Traduttrice

Johana Laura Mendez, cilena e italiana nasce in La Calera e cresce in Hijuelas (Cile).

È pluripubblicata in Italia, scrittrice per l'infanzia, poetessa, pittrice.

Ha venduto migliiaia di libri tra Italia e Cile, è stata riconosciuta come artista poliedrica dall'ex presidentessa del Cile Michelle Bachelet, grazie alla quale ha potuto collaborare con Dirac Internacional e con l'ambasciata cilena a Roma.

Ha avuto come mentore Luis Sepúlveda che ha fatto una meravigliosa prefazione al suo quarto libro.

Johana Laura Mendez è una traduttrice, talent scout e agente letterario anche di Edizioni WE, casa editrice italiana internazionale, per il Cile e altri paesi.

Facebook: Johana Laura Mendez II
Instagram: Johana Laura Mendez
Mail: aristoli2023@gmail.com

Índice - Indice

Poesias en Castellano - Español
Poesie in Castigliano - Spagnolo